www.tredition.de

AF177418

Heike Jacobsen

Persönlichkeit zählt

13 Unternehmer im Porträt

© 2016 Heike Jacobsen

Verlag: tredition GmbH, Hamburg

ISBN
Paperback: 978-3-7345-8170-0
Hardcover: 978-3-7345-8171-7
e-Book: 978-3-7345-8172-4

Printed in Germany

Inhalt

Vorwort: Wolfgang Kierdorf

Vorwort

Wenn man vor 20 Jahren als Unternehmen etwas produziert und verkauft hat, dann hat die Menschen in der Regel der Nutzen des Produkts interessiert. Das ist lange her.

Wir leben in „postfaktischen Zeiten", in denen die Wahrheit fast nichts mehr zählt und Versprechen genauso schnell gebrochen wie gegeben werden. Wir leben in einer Zeit, in der wir Ergebnisse sofort erwarten. Wir haben verlernt, was es bedeutet, auf etwas zu warten. Kommt eine Bestellung nicht spätestens am folgenden Tag an, machen wir uns Sorgen um das Paket. Früher dauerte ein Liefervorgang Tage oder Wochen.

Im Internet kann jeder vorgeben, das zu sein, was er möchte. Ich könnte auf Facebook eine 23-jährige Blondine sein und auf Google+ ein verwitweter Mittfünfziger. Ich könnte eine winzige Firma sein, die wirkt wie ein großer Konzern.

Was hat all dies nun mit diesem Buch zu tun? Ganz einfach: Heute kaufen wir neben dem Produkt vor allem auch noch eines: Vertrauen. Die Menschen wollen wissen, wer ein Produkt hergestellt hat, wo das Gemüse herkommt und wie die Kuh hieß, die jetzt als Steak auf dem Teller liegt.

Wir haben das Zeitalter des „Wir vertrauen blind einem Unternehmen" verlassen und sind in die Zeit des „Trust no one – trau niemandem" eingetreten. Internet und Social-Media sei Dank. Ultimative Transparenz und sekundenaktuelle Nachrichten führen leider auch dazu, dass wir immer mehr von den negativen Dingen hören ... Über die guten Sachen berichtet ja niemand. Wir leben also auch in einer Welt, die von Negativität durchsetzt ist und in der das Wahrnehmen des Persönlichen, Direkten und Nahen der einzige Weg ist, eine fundierte Bewertung zu erhalten.

Ein persönliches biografisches Porträt ist genauso eine persönliche, direkte und nahe Erfahrung. Menschen kaufen bei Menschen, die sie verstehen können, deren Werte sie teilen und die vielleicht sogar ein bisschen so sind wie sie selbst.

Die Menschen in diesem Buch wurden von Dr. Heike Jacobsen interviewt, und Heike versteht es wie keine zweite, den Menschen auf den Zahn zu fühlen und das Wichtige, das Interessante und das Ungeschminkte hervorzuholen.

Als Unternehmensberater sage ich meinen Mandanten immer: Du musst heute bereit sein, dich hinzustellen und über dich zu erzählen. Die Menschen wollen eine Beziehung aufbauen, weil echte Beziehungen zwischen Menschen immer rarer werden. Einer, der das schon vor mehr als 20 Jahren verstanden hatte, war Claus Hipp von Hipp Babykost. Erinnern Sie sich? „... dafür stehe ich mit meinem Namen."

In diesem Sinne.

Wolfgang Kierdorf (The Black Swan)

Köln, November 2016

Astrid Klingen, Schmuckdesignerin, Düsseldorf

„Eigentlich wollte ich noch Blumen kaufen", beginnt Astrid Klingen, während sie Kaffee serviert. Wir sitzen neben ihrer Werkstatt im Ausstellungsraum. „Ich mag es, wenn alles schön ist", sagt sie. In einer großen Schmuckvitrine und zwei kleinen Schaukastentischen präsentiert sie ihre Schmuckstücke: Ketten, Ringe, Ohrringe aus Silber, Gold, Perlen und Edelsteinen – Granat, Citrin, Amethyst, Aquamarin. Ihr Stil: von verspielt bis schlicht und grafisch-streng. Die Sonne scheint herein, auf der Fensterbank steht eine kleine Etagère mit Pralinen und Törtchen. „Im Sommer können meine Kursteilnehmer im Garten essen, die Werktische kann ich leider nicht draußen montieren. Mein Traum wäre es, irgendwann mal Sommerkurse in Südfrankreich zu geben."

Auf der Suche nach dem richtigen Beruf dachte sie zunächst an Innenarchitektur, versuchte sich in der Landschaftsplanung, um ihre gestalterische Begabung mit ihrer Liebe zur Natur zu verbinden, und war unglücklich. Ihre Berufung fand sie eher durch Zufall: „Noch heute sehe ich die Straßenkreuzung vor mir, an der wir an einer roten Ampel warteten. Ich klagte meiner besten Freundin mein Leid.

Sie sagte mir auf den Kopf zu: ‚Du musst etwas mit Schmuck machen, das ist sowieso deine Leidenschaft. Mach doch Schmuckdesign.' Und da fiel der Groschen, aber ganz gewaltig", erinnert sie sich. Astrid Klingen erlernte als Goldschmiedin von Grund auf das traditionelle Handwerk, im anschließenden Schmuckdesign-Studium lag der Schwerpunkt auf der Gestaltung. „Das ist es 100-prozentig", war sofort ihr Gefühl.

Für Firmen Entwürfe zu gestalten, die in Serienproduktion gehen, das entspricht ihr nicht. Ihre Entwürfe sind Unikate. Nach dem Diplom arbeitete sie freiberuflich, eröffnete bald darauf mit einer Freundin einen kleinen Laden und begann Kurse zur Schmuckherstellung zu geben. Nach 10 Jahren trennten sie sich und Astrid Klingen machte sich allein selbstständig, ohne Ladenöffnungszeiten, individuell und flexibel auf die Kunden abgestimmt. „Ich verkaufe nichts übers Internet", betont sie, „die Hälfte meiner Aufträge sind Neuanfertigungen oder Umarbeitungen von altem Schmuck auf Basis eines intensiven Gesprächs." Im Dialog zu sein ist ihr wichtig. „Im besten Fall habe ich langjährige Kundinnen und weiß, was sie mögen. Es macht mir viel Freude zu merken: Das ist genau für diese Frau passend. Während der Herstellung bin ich dann oft in Gedanken bei diesem

Menschen. Ihnen würde ich auch kein Gelbgold empfehlen", rät sie mit einem erfahrenen Blick auf meine Haut-, Augen- und Haarfarbe und die silbernen Ringe.

Für Astrid Klingen ist Schmuck kein oberflächliches Dekor, sondern etwas ganz Persönliches. Sie erzählt von einer langjährigen Kundin, die eine lange Perlenkette von ihrer Großmutter geerbt und ihr ein Foto der damals noch jungen Frau gezeigt hat. Der Wert der Schmuckstücke bemisst sich für sie nicht nur in Edelmetall, Brillanten und Karat, sondern ebenso in persönlicher Geschichte und individueller Beziehung. Die größte Anerkennung für sie: Wenn ein Schmuckstück zum Lieblingsstück wird und die Kundin es jahrelang trägt, ein Ring so täglicher Begleiter ist.

Die Steine bezieht sie aus einer Schleiferei in Idar-Oberstein, einem alten Familienunternehmen: „Vielleicht müssen die Steine noch nicht mal so teuer sein, aber sie müssen einfach eine Ausstrahlung haben, dürfen gerne ein bisschen eigenwillig sein." Sie trägt selbst entworfene Wechsel-Ohrringe aus Onyx und einen Spiel-Ring mit Aufsätzen aus Turmalin und Sternrubin. „Die Idee zu auswechselbaren Steinen hat mich schon lange beschäftigt und kam mir in völlig entspanntem Zustand kurz vorm Einschlafen", erzählt sie. „Das kommt super an."

Die kleine Werkstatt ist voll ausgestattet mit Emaille-Ofen, Metallwalze, Löt-Tisch und zwei Werktischen, einem großen Holzblock, zahlreichen Handsägen, Hämmern, Feilen und kleinen Gerätschaften. Am großen Werktisch können mehrere Personen gleichzeitig arbeiten. Man sitzt vor halbrunden Ausbuchtungen, über die Feilnägel aus Holz montiert sind. Darunter aufgespannte Lederwannen fangen den Metallabrieb auf. „Zuerst lernt man aussägen. Das ist die Grundlage für alles", erklärt Astrid Klingen. „Ich sorge dafür, dass jeder etwas Fertiges mit nach Hause nehmen kann." Ihr Tisch steht am Fenster, hier versenkt sie sich ganz in die Gegenwärtigkeit ihres Tuns: „Am liebsten arbeite ich über mehrere Stunden und komme dabei komplett in den Flow. Ich tanke hier völlig auf und finde so absolute Erfüllung. Darum liebe ich diesen Beruf." Nicht mehr Schmuck zu machen, das kann sie sich nicht vorstellen.

Ihre aktuelle Arbeit: ein eigener Ring mit einem Rauchquarz, der einer Kundin als Muster dienen soll. Den Stein hat sie aus einer alten Brosche ihres Großonkels entnommen. „Schmuck für mich selbst mache ich fast nie. Das ist etwas ganz Besonderes", freut sie sich. Astrid Klingen ist eine Schmuckdesignerin, die Intensität im persönlichen Kontakt mit ihren Kunden aufbaut, sich ganz in ihre Arbeit versenkt und so Schmuck von individuellem Wert schafft.

Ihre Zukunft steht ihr klar vor Augen: „Ich mache meinen Schmuck in einer wunderschönen Umgebung, vermittle in Urlaubskursen Wertschätzung für das Handwerk und stelle regelmäßig aus." Sie lacht herzlich. Schmuck und Natur in harmonischer Verbindung – ein Lebensprojekt. Auch dieses innere Bild wird sie zu einem schönen Unikat formen.

Brigitte Borsing, Intelligent-coachen, Burscheid

Wer mit Brigitte Borsing einen Termin verabredet, muss bereits aktiv werden, um ihren Coachingraum auf dem Hinterhof eines Gewerbezentrums in Leichlingen zu finden. Der Raum ist hell und geräumig, bietet Platz für einen großen Arbeitstisch mit grün bezogenen Stühlen, einen bequemen braunen Ledersessel mit grünem Hocker und zwei kleine Ledersessel, die auf einem hellen Teppich, im Winkel zueinander positioniert, zum Dialog einladen: nah, aber nicht konfrontativ. Der Blick fällt aus dem Fenster und wird auf schöne Einzelstücke gelenkt: ein modernes Gemälde in Grüntönen, einen großen Buddhakopf, eine hübsche Karaffe.

Brigitte Borsing trägt bequeme Freizeitkleidung, ist kaum geschminkt, steht zu ihren kurzen grauen Haaren, geradlinig, natürlich. „Ich würde gerne in die Bahnstadt nach Opladen umziehen", beginnt sie. „Da entsteht eine ganz neue Arbeiten-und-Wohnen-Landschaft, ganz toll saniert und renoviert, alt mit neu. Der Knaller", schwärmt sie, „das hat Flair, eine spannende Atmosphäre und Energie." Brigitte Borsing wählt ihre Worte genau, formuliert überlegt.

Ursprünglich war sie pharmazeutisch-technische Assistentin. „Das war eine schöne Möglichkeit, etwas für die Gesundheit der Menschen zu tun und in Interaktion zu sein." Bewusst entschied sie sich dafür, in einer Apotheke zu arbeiten und Kunden zu beraten.

Nach sieben Jahren wechselte sie für kurze Zeit zu Bayer und übernahm, als ihr Mann sich selbstständig machte, bald die ganze Büroarbeit. „Von der Apotheke her hatte ich eine gute Grundfähigkeit, die Dinge im Überblick zu behalten." Ordnung und Organisation liegen ihr. Die Firma wuchs, ein neues Bürogebäude wurde gebaut, die Zahl der Mitarbeiter stieg kontinuierlich. „1999 haben wir die Firma verkauft und glaubten, dass wir unser Vermögen ganz gut angelegt haben. Wir hatten 35 Mitarbeiter und zum zweiten Mal gebaut. Mein Mann war dann als Geschäftsführer weiter angestellt. 2000 ist das Unternehmen weiterverkauft worden, dann wurde es sehr schräg und wir stiegen 2001 aus."

Beide planten gerade ein Sabbatical, als sie durch die Anschläge am 11. September innerhalb weniger Monate ihr gesamtes in den USA angelegtes Vermögen verloren. „97 Dollar haben wir noch", lacht sie. Mit Anfang Vierzig standen beide plötzlich vor dem Nichts, mussten so schnell wie möglich wieder in Arbeit kommen, um ihr Haus zu halten. „Mein Mann ist darüber erst mal schwer krank geworden und ich hab gemerkt, dass ich auch etwas für meine seelische Gesundheit tun muss." Ihr Vorhaben, schnell eine Ausbildung zum Heilpraktiker zu absolvieren, scheiterte. „Ich bin zwischendurch auch putzen gegangen, damit Geld reinkommt", gibt sie offen zu.

Durch einen Freund lernte sie einen Seminarleiter in Süddeutschland kennen, nahm mit ihrem Mann an seinen Kursen teil und blieb seitdem dabei. Brigitte Borsing vertiefte sich auf dem Feld „persönliche Kompetenz und Leadership", wurde Kurs-Assistentin und wirkt heute noch ehrenamtlich mit. „Es hört sich ein bisschen dramatisch an, aber das hat die seelische Gesundheit gerettet", sagt sie nachdenklich. Vorübergehend arbeitete sie für eine Unternehmensberatung, bis sie eine Interimsstelle als Assistenz des Geschäftsführers antreten konnte. Man wollte sie übernehmen. Brigitte Borsing schrieb eine Für-und-Wider-Liste und sagte zu. „Und jetzt hab ich das erste Mal richtig Geld verdient. Das war eine sehr schöne Zeit", erinnert sie sich.

Die Arbeit an der eigenen Persönlichkeitsentwicklung und die Unterstützung der Kursteilnehmer in den Seminaren führte sie parallel dazu kontinuierlich weiter. 2010 erhielt sie mit 50 die Kündigung. Ihre eigene Entwicklung hatte sie so stark gemacht, dass ihr Chef sie nicht weiterhin nach dem Prinzip „Angst" führen konnte. „Ich hab meine innere Haltung ihm gegenüber verändert, die Angst abgelegt", sagt sie. „Damit konnte er nicht umgehen. Ich bin sofort freigestellt worden, musste innerhalb von 24 Stunden gehen. Das war für mich ein Gefühl, als wenn ich die silbernen Löffel geklaut hätte. Sehr sehr unangenehm." Wieder stand sie vor der Frage, wie es weitergehen sollte.

Brigitte Borsing hatte inzwischen neun Jahre Erfahrung im Seminarbetrieb als Assistentin und Co-Trainerin, blieb aber immer in der zweiten Reihe. Sie recherchierte und suchte eine fundierte Ausbildung. Das St. Galler Coaching-Modell überzeugte sie. „Ich bin in die Arbeitslosigkeit gegangen, hab mich natürlich auch beworben und nebenbei meine Ausbildung zum systemischen Coach und Berater, als systemischer Strukturaufsteller und Mastercoach absolviert. Alles privat bezahlt. Und dann hab ich meine Selbstständigkeit geplant." Was Brigitte Borsing tut, hat Hand und Fuß, sie agiert strategisch und kompetent.

„Warum wollte ich das machen?", resümiert sie, „weil ich bei meiner eigenen und begleitenden Persönlichkeitsentwicklung und allem, was ich dort erfahren habe, gespürt habe: Das kann ich gut weitergeben und das hilft den Menschen. Ich finde die Methode einfach genial. Mein Steckenpferd ist das Einzelcoaching. Ich bin jetzt selbst fast 54 und mein Schwerpunkt ist die Zeit der Lebensmitte, die Jahre des Wechsels, die Frage nach dem Sinn. Oft zeigen sich erste gesundheitliche Themen." Sie kombiniert unterschiedliche Methoden aus dem NLP, nutzt Aufstellungsarbeit, führt lösungsorientierte Gespräche. Entscheidend dabei ist ihre Haltung, ein Wort, das sie oft benutzt: „Ich frage nach, ich bin penetrant, ich führe immer wieder auf den Punkt zurück, sodass dem Klienten die Dinge klar werden, bewusst werden."

Wichtig dabei ist ihr, dass Klienten nicht nur intellektuell mitgehen, sondern dank ihrer Anleitung auch selbst mögliche Lösungsszenarien fühlen. „Und das funktioniert." Sie lacht. Was ihr am meisten Spaß macht? „Immer wieder die Faszination, dass dieses Gesamtpaket so wunderbar zu Erkenntnis, Klarheit und damit zu neuen Lösungswegen für den Klienten führt. Dass sich wirklich etwas verändert, ohne dass er es durch seinen Willen herbeiführen muss, sondern weil sich seine Haltung verändert." Brigitte Borsing berichtet von einem Klienten, der voller Zweifel an der Beziehung mit seiner Frau zu ihr kam: „Das Coaching hat ihm so weit geholfen, dass er wirklich gefühlt hat: Ich bin ein glücklicher Mann. Auch das kann ein Ergebnis sein. Das fand ich einfach klasse", sagt sie und schweigt berührt.

Brigitte Borsing wünscht sich, dass Coaching in Zukunft kein Tabuthema mehr ist. „Gerade wir Deutschen meinen immer, wir müssen alles alleine schaffen." Sie selbst geht offensiv auf Menschen zu, pflegt Netzwerke, sucht Kooperationen, hält Vorträge auf Messen, verteilt Gutscheine. Der persönliche Eindruck zählt.

„Meine Haltung ist absolute Integrität. Ich bin empathisch, aber ich leide nicht mit, sonst wäre ich verloren." Sie spricht langsam, wird ernst. „Bei dieser Arbeit zeichnet mich aus, dass ich meine eigenen Themen selbst geklärt habe. Da habe ich einen riesigen Vorsprung durch eine fundierte persönliche lange Erfahrung. Ich bin mit den Themen, die ich coache, klar. Ich möchte nicht etwas anbieten, von dem ich nicht wirklich überzeugt bin, dass ich das exzellent kann."

Man nimmt ihr das sofort ab. Es klingelt an der Tür und die nächste Klientin tritt ein – eine Frau, die beruflich mit Zahlen, Daten, Vermögenswerten umgeht. Ich habe keinerlei Zweifel, dass Brigitte Borsing sie dazu führen kann, das eigene Vermögen für sich neu zu entdecken.

Nicoline von Jordans-Moscher, Coach, Vlotho

Wir treffen uns vormittags in einem Café am Baldeneysee in Essen. Wenige Spaziergänger und Radfahrer beleben die Uferpromenade. Das Wetter ist noch etwas diesig, der See sieht grau aus. Ein Schiff kommt vorbei, zwei allein genießen die freie Sicht vom Deck aus und winken. Die Kellner stehen Spalier.

Nicoline von Jordans-Moscher kommt auf die Minute pünktlich. Ihr Gang ist beschwingt, mit leichtem Schritt nimmt sie die Stufen zur Terrasse. Eine zierliche Frau, ganz in Schwarz-Weiß gekleidet, sogar die leichte Perlenkette und der Ring mit Yin und Yang-Symbol fügen sich harmonisch in das Gesamtbild ein. Die Mitte Fünfzig sieht man ihr nicht an. Lebhaft beginnt sie zu erzählen und erklärt mir das Logo auf ihrer Homepage: „Erst mal sind wir gedrückt durch Probleme oder Konflikte, dann kommen wir günstigenfalls ins Überlegen, aber ich glaube, es gibt immer eine Lösung. Aber dafür muss man manchmal springen. Und dann ist da auch etwas." Genau dabei steht sie ihren Klienten als Coach und Aufstellungsleiterin zur Seite. Aus eigener Erfahrung weiß sie: „Ich bin noch nie wirklich aufgeklatscht und wenn wir darauf vertrauen und uns gute Wegbegleiter suchen, dann ist das auch so."

Anfang des Jahres wagte sie selbst den Sprung, kündigte ihr Anstellungsverhältnis und begab sich ganz in die Selbstständigkeit. Die Arbeit im Großraumbüro machte sie immer unzufriedener, der eigene Gestaltungsfreiraum in der Arbeit mit Klienten wurde demgegenüber immer attraktiver, erfüllender. „Ich organisiere gerne selbst und es macht mir einfach so viel Freude, mit den Menschen zu arbeiten." Sie lacht. Ihr Chef unterstützte sie und ermöglichte ihr während der Kündigungsfrist den Absprung bei vollem Gehalt.

Ihr Mann ist ebenfalls selbstständig, schafft Kunstwerke aus Holz: Klemmbretter, Lichtinstallationen und viele andere schöne Dinge. Das Marketing übernimmt Nicoline von Jordans-Moscher gleich für ihn mit, strukturiert, effektiv, persönlich. Ein von ihm gestaltetes Systembrett mit Figuren in drei Größen, die den Kopf drehen können, verkaufte sie nebenbei an ihren Coachingausbilder. In ihrem Coachingraum steht eine Holzskulptur, die sie bereits als Lebensbaum in ihre Arbeit einbezogen hat. „Ich bin auch ein Holzwurm", lacht sie, „wir ergänzen uns da gut." Inzwischen hat er sich von ihr etwas mehr Struktur abgeguckt, sie hat an Lockerheit dazugewonnen.

Nicoline von Jordans-Moscher hatte mit 19 gerade die Ausbildung zur Arzthelferin abgeschlossen, als sie zum ersten Mal Mutter wurde. Selbst mit fünf Geschwistern aufgewachsen, war es ihr mit einem Kind bald zu still im Haus. „Es war immer viel Leben bei uns. Ich bin auf einem Hof mit Reitbetrieb großgeworden und im Sommer waren immer noch mal zehn Kinder mehr da." Drei weitere Kinder folgten schnell. Inzwischen gibt es sieben Enkelkinder in ihrem Leben. „Es ist viel los, sehr trubelig, aber das bin ich auch, einfach lebendig", sagt sie. Kurz vor der Trennung von ihrem ersten Mann machte sie eine Umschulung zur Industriekauffrau, landete in der Reklamationsabteilung eines Konzerns und übernahm dank ihrer Sprachgewandtheit im Servicebereich die Importabwicklung. Auf der Suche nach neuen Erfahrungsfeldern liebäugelte sie kurz mit dem öffentlichen Dienst, stellte aber schnell fest, dass das nichts für sie war.

Die Trennung hinterließ bei ihren vier Kindern „ein ordentliches Päckchen", wie sie es nennt. „Die haben sich gefetzt wie die Kesselflicker. Der Jüngste ist mir damals schulisch entglitten und nach einem Wechsel auf die Waldorfschule kam er schließlich in ein Internat." Ein dort angebotenes Teen-Wochenend-Seminar ließ Nicoline von Jordans-Moscher aufhorchen. Kurzerhand schlug sie den älteren Geschwisterkindern vor teilzunehmen und war verblüfft über die Wirkung: „Sonntags durften wir die Kinder wieder abholen. Ich kam in den Raum, in dem 40 Jugendliche saßen und da war so eine hammermäßige, friedvolle, harmonische Energie, dass ich dachte: Was haben die denn gemacht?" Die Konflikte zu Hause konnten anschließend ganz anders beigelegt werden. „Das war ein richtiger Gewinn. Ich war wirklich beeindruckt", erinnert sie sich.

Neugierig geworden, nahm sie sich vor, in dieser Richtung auch etwas zu machen. Sie verließ ihre eigene Komfortzone und absolvierte mehrere Weiterbildungen bei dem Seminarleiter, der schon in ihren Kindern den Richtungswechsel angestoßen hatte. „Ich hab immer schon dieses Interesse gehabt und viel darüber gelesen. Das war der Anfang von dem Weg, auf dem ich heute bin." Als sie mit Familienaufstellungen in Berührung kam, war sie begeistert: „Das hat mich gleich geflasht." Die Ausbildungen zur systemischen Familien- und Strukturaufstellerin folgten. Hier fügen sich ihr Gespür für Kommunikation und ihre Empathie im Umgang mit Menschen mit ihrem Sinn für

Struktur harmonisch zusammen: Alles braucht seinen Platz in der systemischen Ordnung, steht in einem größeren Kontext. Von der autoritären Haltung Hellingers setzt sie sich allerdings ab: „Für mich ist jeder selbst der Experte in seinem Leben", betont sie. Und so bezieht sie die Klienten interaktiv in ihre Aufstellungsarbeit mit ein, vertraut darauf, dass sich das Wesentliche schon zeigen und entwickeln wird. „Für die Aufstellungsarbeit schlägt mein Herz in erster Linie", sagt sie und erzählt ausführlich die Geschichte einer Aufstellung für ein magersüchtiges Mädchen, das auch ohne selbst teilzunehmen von der Bewegung im Stellvertreter-System profitiert und neuen Lebensmut gewonnen hat. „Die Mutter schrieb, ihre Tochter würde wieder singen, sie könnte heulen vor Freude." Nicoline von Jordans-Moscher wischt sich eine Träne aus dem Augenwinkel. „Da liegen so viele Geschenke. Das ist es, was so schön und tiefgreifend ist", sagt sie berührt. „Und: Mit den Eltern fängt alles an."

Bei ihrer ersten selbst geleiteten Aufstellung stieß sie direkt auf eine Kollegin, die ihr viel Widerstand entgegenbrachte und ihre Arbeit zerpflückte. Ihr verdankte sie die Einsicht, dass der Klient anschließend eine Nachsorge benötigt, mit dem Erlebten nicht alleingelassen werden sollte. „Das war für mich der Grund, mir eine Coachingausbildung zu suchen. Damit war ich sattelfest." Seitdem bietet sie Aufstellungen mit möglicher Nachbetreuung an, fängt ihre Klienten auch nach dem Sprung ins Unbekannte auf, hält es aus, mit dem zu arbeiten, was im Moment entsteht. Im Hier und Jetzt. „Vertrau einfach, es wird schon kommen." Dieser Satz gilt auch für ihr eigenes Leben, ihre Selbstständigkeit. Nicoline von Jordans-Moscher lebt vor, was sie ihren Klienten abverlangt, authentisch, erfahren, vertrauenswürdig.

Ihre Klienten findet sie über diverse Kooperationen mit Heilpraktikern. Hier tut sich gerade für sie eine neue Entwicklung auf: Körpersymptom-Aufstellungen und neuerdings Heilmittel-Aufstellungen. Der Kreis zu ihrer Berührung mit medizinischen Themen in jungen Jahren schließt sich auf einer ganz anderen Ebene wieder: „Das ist so spannend. Ich merke, dass ich das total gerne mache. Ich bin ganz kribbelig und freu mich darauf", schwärmt sie voller Begeisterung. „Krankheit kommt nicht umsonst in unser Leben. Wenn wir die Aufgabe, die für uns darin liegt, sehen können, kann sich etwas entspannen. Dann brauchen wir auch das Symptom und die Krankheit nicht mehr." Davon ist sie überzeugt.

Kooperationspartner, die ihr zu langsam und gesetzt erscheinen, lässt sie hinter sich. Und irgendwann auch mal ruhiger werden – das will sie gar nicht. Sie vermittelt Aufbruchsstimmung, Lebendigkeit, Forscherdrang. Die Sonne kommt raus, es wird plötzlich sommerlich warm. Nicoline von Jordans-Moscher zieht ihre Jacke aus und bestellt ein Eis mit Sahne. In ihrem Coachingraum liegt ein leuchtend orangefarbener Teppich, erzählt sie und zeigt mir ein Foto. Wenn durch das Fenster zum Garten die Sonne darauf scheint, lässt sie Klienten auch gerne mal auf dieser Sonneninsel auf dem Boden mit Utensilien arbeiten, setzt Musik oder eine Landkarte der Befindlichkeiten ein, bietet intuitiv Raum für Neues.

„Veränderung wagen" – das hat sie sich auf die Fahne geschrieben. Was sie von anderen unterscheidet? „Mein Optimismus, dass es immer einen Weg gibt. Irgendwie geht es immer, auch wenn es noch so düster aussieht. Am Ende ist es irgendwie gut." Das Vertrauen ins Leben und die Gelassenheit allem gegenüber, was im Leben passiert, hat sie selbst. Wer mit ihr auf dem Weg ist, darf Veränderung wagen, springen und darauf vertrauen, dass er aufgefangen wird – von ihr und einem größeren Zusammenhang.

Peter Steiner, WAS Schulungs GmbH, Mosbach

Nachdem ich einmal um den Häuserblock gefahren, auf dem Depot der Straßenbahn angekommen und dort mit dem freundlichen Pförtner über den Verlauf der Hausnummern auf der Bergheimer Landstraße ins Gespräch gekommen bin, finde ich das schmiedeeiserne Tor und die Einfahrt zum Hof der WAS Schulungs GmbH in Heidelberg. Ein kleiner Hof mündet in einen weitaus größeren und ein Ensemble von Gebäuden gruppiert sich um beide herum zu einem großen Betriebsgelände. Linker Hand das Taeter-Theater, das von außen wie die Probenwerkstatt einiger Studenten wirkt, geradeaus ein kleines Häuschen mit Jacque's Weindepot. Das größte Gebäude trägt die Aufschrift SAP Applehaus. „Einfach auf das Betriebsgelände fahren und dann am besten noch mal anrufen", diesem Rat von Peter Steiner folge ich jetzt und lasse mich von ihm auf den großen Hof und dort auf seinen firmeneigenen Stellplatz lotsen, bis ich ihn aus dem Fenster des hohen Backsteingebäudes winken sehe.

Es ist Nachmittag und der heutige Schulungstag bereits zu Ende, die Räume sind leer, Feierabend. Am Ende des langen Flurs im ersten Stock spricht Peter Steiner noch kurz mit einem seiner Dozenten und zeigt mir dann sein Unternehmen. „Früher war das eine Ziegelei, heute lernen Erwachsene hier für einen qualifizierten Berufsabschluss." Wir gehen durch Büro und Sekretariat, ein Besprechungsraum bietet genügend Intimität für Einzel-Coaching. In drei großen Schulungsräumen findet der Unterricht statt, einer ist mit Bildschirmen ausgestattet, in den anderen wird mit der Hand geschrieben, um das Gelernte zu verfestigen. Einige Bücher und Schreibblöcke liegen noch auf den Tischen, morgen geht es weiter. Die Einrichtung ist funktional, grau und schwarz, die Stühle mit hohen Rückenlehnen bieten bequemen Halt für ganztägiges konzentriertes Arbeiten. „Wir sind spezialisiert auf Logistik und Gastronomie." Der aktuelle Kurs bildet Arbeitslose zu Restaurantfachleuten oder Köchen aus. An den Wänden hängen große Abbildungen der Fleischteile vom Rind oder vom Schwein, Landkarten französischer Weinbaugebiete und eine Zeichnung zum menschlichen Fettstoffwechsel. Links eine Fensterfront zum Hof, rechts eine Regalwand voller Bücher und noch mehr leerer Weinflaschen. „Hier wird nicht getrunken, sondern intensiv gearbeitet, mein Dozent ist absoluter Weinkenner." Steiner schmunzelt. „Unsere Abschlussquote erfolgreich durchlaufener Prüfungen vor der IHK beträgt 96%, und das bei Teilnehmern, die das Lernen erst wieder lernen müssen. Das ist außergewöhnlich." Seinen Teilnehmern fehlt es an viel, vor allem aber an Selbstwertgefühl: „Die Arbeitslosigkeit ist ein Trauma an sich, und dann noch der Gang zu den Behörden. Wenn sie hier ankommen, fühlen sie sich so klein, dass sie unterm Teppich Fallschirmspringen könnten."

Arbeitslos, ausgegrenzt, nicht gewollt und außen vor zu sein, das kennt Peter Steiner aus eigener Erfahrung. Die Auseinandersetzung mit der Bürokratie führt er inzwischen auf anderem Niveau. Die Kurse der WAS Schulungs GmbH sind ausschließlich mit Erwachsenen besetzt, die – von der Arbeitsagentur gefördert – eine letzte Chance zur beruflichen Qualifizierung erhalten. In der Gemeinschaft eines festen Kurses wird sechs Monate lang in Vollzeit der Stoff gepaukt, der anschließend in der Prüfung der Industrie- und Handelskammer abgefragt wird. Praktische Berufserfahrung kann theoretische Mängel ausgleichen, Steiner sieht seine Aufgabe aber darin, die Teilnehmer fachlich fit zu machen. Die Ergebnisse überzeugen. Die WAS besteht seit sieben Jahren auf dem Markt der Bildungsanbieter, sein kleines Team ist fester Bestandteil seines Erfolgs. „Keine Fluktuation, alles außergewöhnliche Menschen", lächelt er und zeigt mir den kleinen Innenhof. „Hier will ich im Sommer ein Konzert veranstalten."

Peter Steiner versteht sich als Unternehmer des alten Schlags, mit Mitte 50 kennt er Brüche im Lebenslauf und zeigt großes Verständnis für die Situation seiner Teilnehmer. „Ich führe mit jedem vorab ein ausführliches Gespräch, um einschätzen zu können, ob er es schaffen kann." Steiner macht keine leeren Versprechungen. Wenn er jemanden aufnimmt, setzt er sich mit seinem Dozententeam für seine Qualifizierung ein. Entwicklung liegt ihm am Herzen. „Es ist schön zu sehen, wie Menschen über sich hinauswachsen, Prüfungen bestehen, groß und stolz werden und nach dem halben Jahr erfolgreich in neue Jobs kommen." Wenn er von Teilnehmern überzeugt ist, setzt er sich auch gegen bürokratische Widerstände für sie ein. „Wir hatten eine Inderin, die von der Arbeitsagentur abgelehnt wurde. Die Sachbearbeiter vergessen, dass anfängliche Sprachhürden durch die Intensität von acht Stunden Unterricht über sechs Monate wie nebenbei abgebaut werden. Das muss man erst mal schaffen. Ich habe sie dann trotzdem für einen kleinen betriebswirtschaftlichen Kurs angenommen und sie hat die Prüfung hervorragend bestanden. Als ihr dann der Zugang zur Berufsqualifizierung immer noch verwehrt wurde, hat sich der ganze Kurs für sie stark gemacht, einen offenen Brief an die Agentur geschrieben und sich sogar ans Fernsehen gewandt. Wir hatten eine Reportage im SWR bei Report Mainz. Da halt ich mich aber im Hintergrund."

Sein Handy klingelt und geduldig geht Steiner auf jede Frage und Befürchtung des Interessenten ein: „Machen Sie sich keine Sorgen, da liegen Sie vom Alter her bei uns im mittleren Bereich. Kommen Sie doch einfach mal zu uns, setzen sich in den laufenden Kurs und wenn Sie ein gutes Gefühl haben, können wir uns gerne unterhalten. Wenn nicht, werden Sie nur Lernhürden aufbauen, das hilft niemandem." Offenheit, Vertrauen und Respekt sind einige der Werte, die er täglich lebt. Gerade hat er eine 60-jährige Sekretärin eingestellt, die 10 Jahre auf einer Farm in Südafrika gelebt hat und sich an feste Bürozeiten erst wieder gewöhnen muss. „Das kriegen wir schon zusammen hin", meint er zuversichtlich und begleitet mich nach draußen. Unterwegs erzählt er mir die Geschichte des Teilnehmers, dem von der Arbeitsagentur in einem psychologischen Gutachten bescheinigt wurde, nicht stabil genug für eine qualifizierte Arbeit zu sein. „Das muss man sich mal vorstellen: Mit einer Unterschrift ist dem Mann seine berufliche

Zukunft genommen worden. Er ist 40. Nur, weil er mal vor 15 Jahren Drogenerfahrung gemacht hat." Wir stehen in der Sonne und Steiner zündet sich eine Selbstgedrehte an. „Ich habe mir ein Bild von ihm gemacht, ein psychologisches Gegengutachten erstellen lassen und werde auch vor Gericht gehen. Hier wurde ein Mensch völlig verkannt, der Leistung bringen kann und will. Das kann ich nicht zulassen. Er kann auch umsonst teilnehmen. Wirtschaft ohne Gier – das muss gehen und ist auch erfolgreich." Sein Handy klingelt wieder und wir verabschieden uns. Kurz darauf steht er mit seinem Motorrad neben meinem Auto. „Schöner Wagen, ich fahr schon mal vor", sagt er – ein Wegbegleiter, dem ich mich gerne anvertraue.

Almut Schleifenbaum, Steuerberatung, Siegen

„Wir machen jetzt zuerst Ihre Zahlen." Almut Schleifenbaum sitzt mir gegenüber im modern eingerichteten Besprechungsraum ihrer Kanzlei und legt mir meine Unterla-
gen vor. Wieder beobachte ich fasziniert, wie sie mir in ty-
pisch Schleifenbaumscher Über-Kopf-Lesart den Text vor-
liest. „Tja, wir sehen hier ...", beginnt sie mit bedenklicher
Miene und setzt schelmisch ihre Pointe: „Sie bekommen
alle Steuern zurück! Besser geht's nicht." Den Überra-
schungseffekt genießt sie sichtlich, erläutert mir die zu er-
wartende Erstattung und skizziert die wesentlichen steuer-
relevanten Punkte meiner weiteren geschäftlichen Entwicklung. Sie hört genau zu, fragt nach, schreibt mit und beantwortet fachkundig und kompetent meine Fragen zu einem Problem, das internationales Steuer- und Verwal-
tungsrecht berührt. Ich fühle mich beruhigt, erleichtert, einfach gut aufgehoben.

„Wenn wir jetzt zum schönen Teil des Tages übergehen,
lade ich Sie in mein Arbeitszimmer ein", sagt sie anschließend und trägt kurzerhand die Tüten mit meinen Steuer-
ordnern in den ersten Stock. Geerbte Ölgemälde in ver-
schnörkelten Goldrahmen mit Szenen aus der metallverar-

beitenden Industrie kontrastieren mit modernem Ambiente in Schwarz-Weiß. Auf vier Etagen arbeitet sie mit ihren Mitarbeitern in der zartgelb gestrichenen Villa, in der bereits ihr Vater seine Kanzlei für Steuern und Recht führte. Bei ihm begann sie unterm Dach als Assistentin mit Aufgaben für Steuererklärungen und Jahresabschlüsse. „Ich hab gerne mit meinem Vater gearbeitet und verstehe bis heute nicht, dass man Steuern als trocken empfinden kann. Das ist einfach das brüllende Leben!" Sie erzählt vom so genannten Katzenfall, von seltenen Doppelerbfällen und schildert, wie sie nach einem Todesfall die anstehende Steuernachzahlung durch taktisch geschicktes Vorgehen zeitlich hinauszögern und die Witwe so entlasten konnte. „Das ist Verfahrensrecht. Das macht mir schon Spaß."

Als Kind wollte sie Köchin oder Polizistin werden. Jetzt sitzt sie im ehemaligen Arbeitszimmer ihres Vaters, genießt es, durch die Milchglastür die Vorgänge im Mitarbeiterraum nebenan mitzubekommen, schnell Papiere holen zu können und manchmal auch einzugreifen, wenn das Telefon dort zu lange klingelt. Die oberen Etagen nutzt sie für Arbeiten, die absolute Ruhe erfordern.

Almut Schleifenbaum hat internationale Volkswirtschaftslehre und Betriebswirtschaftslehre studiert und bereits im Studium für einen Verein die Buchführung gemanagt. Nach dem Tod ihres Vaters übernahm sie mit 32 Jahren seine Kanzlei und setzte sich gegen langjährige Mitarbeiter durch, die sich ihr als Tochter des Chefs skeptisch in den Weg stellten. Heute ist sie Steuer- und Rentenberaterin mit diversen Spezialisierungen – Schenkungs- und Umsatzsteuer, Fachberaterin für internationales Steuerrecht, Zölle und Verbrauchssteuer, Sanierung und Insolvenzverwaltung und Unternehmensbewertung. „Auf einen Expertenstatus beschränken möchte ich mich nicht", betont sie, „es geht mir einfach darum, Probleme übergreifend lösen zu können, ohne an den Wissensgrenzen der jeweiligen Fachbereiche Halt zu machen." Stolz blättert sie durch ihre dicke Fortbildungsmappe. Kurios: Sie ist sogar diplomierte Zauberin. „Hier, guck mal, ich hab's bestanden", freut sie sich. Almut Schleifenbaum ist ein natürlicher Typ, ungeschminkt, trägt helle Farben, Rock, Shirt, Weste und zweifarbige Pumps. Sie lacht gerne. Ab und zu springt sie auf, um etwas zu holen, zu veranschaulichen, geduldig zu erklären.

Es klingelt und ein Mitarbeiter meldet den nächsten Mandanten an. Sie lässt sich nicht aus der Ruhe bringen. Was sie an ihrem Metier begeistert? „Für mich geht es nicht nur um Zahlen, sondern um Lebenssachverhalte. Da kann man wirklich Akzente setzen, für Aha-Effekte sorgen und etwas bewirken. Das Thema Dienstleistung ist mir sehr wichtig und ich freu mich, wenn ich jemandem aus der Patsche helfen konnte. Sorgfältige Sachverhaltsermittlung ist dabei unverzichtbar, und zwar jedes Jahr aufs Neue, ganz unvoreingenommen." Sie versteht sich gerne als rettende Feuerwehr zur Problemlösung, freut sich aber auch, wenn sie bereits im Vorfeld um Beratung gebeten wird. „Man ruft mich, wenn einem das Wasser bis zum Hals steht, wenn es Leichen im Keller zu finden gibt und wenn es brennt", resümiert sie schmunzelnd.

Sie stellt hohe Anforderungen an sich selbst und ihre Mitarbeiter. „Das ist schon anspruchsvoll. Damit das weiter so klappt, machen wir jeden Monat eine Mitarbeiterversammlung, außerdem gibt es Vier-Augen-Gespräche beim Mittagessen und regelmäßige Gesundheitsevents." Im fast fertig ausgebauten Dachgeschoss richtet sie gerade ein Wellness-Center für Klienten und Mitarbeiter mit Infrarot-Wärmekabine, Relax-Sofa, Massagesessel und einem Mixer für grüne Smoothies ein. Ihre Vision: gesunde Steuerberatung für gesunde Unternehmen. „Steuern sind ein Symptom für die Balance im Unternehmen", erklärt sie. Ihr wichtigster Wert: Freiheit. „Unternehmern, die sich in Darlehen und Geldsorgen verstrickt haben, wieder Luft zu verschaffen, das macht mir Spaß."

Zu Hause angekommen, finde ich bereits eine Mail von ihr vor, in der sie über ihre neue Bilderkollektion im Dachgeschoss schreibt: „Ich glaube an die Macht der Farbe. Zahlen sind manchmal rot, oder auch schwarz, auf jeden Fall sind Steuern – bunt. Wie das Leben ..." Almut Schleifenbaum überzeugt – fachlich präzise, menschlich empathisch und überraschend kreativ.

Andrea Ranscht, Kommos, Training und Coaching, Stuttgart

Ein regnerischer und kühler Sommertag mitten im Juni. Die Sonnenschirme im Kölner Biergarten bleiben zusammengefaltet, die Klappstühle lehnen an den Terrassentischen, wir wärmen uns drinnen mit frischem Ingwertee. Andrea Ranscht trägt einen weichen Pullover mit Wollschal in Dunkelblau, dazu einen grauen Hosenanzug, chic und bequem. Zwei breite Silberringe schmücken ihre Zeigefinger. Eine zierliche Frau mit dunklem Pagenschnitt, leicht gebräunt, die Augen betont sie mit einem exakten Lidstrich.

Selbstständig ist sie seit dem 1.1.2000, in Kurzform bezeichnet sie sich als Trainerin und Coach. „Je nachdem, mit wem ich rede, füge ich hinzu: Ich mache Managementtrainings. Ich mache Führungskräftetrainings. Ich mache Kommunikationstrainings. Ich mache Verkaufstrainings. Und natürlich auch Coachings", erklärt sie. Ihr Portfolio hält sie bewusst sehr breit. Nach einer Lehre als Buchhändlerin jobbte sie bereits als Studentin der Germanistik und Kunstgeschichte im Telemarketingservice einer Bank, kam früh in eine Führungsposition. Ein amerikanischer Konzern warb sie ab und übertrug ihr die Leitung der Abteilung für

Training und Beratung. Ihre Idee, in die Selbstständigkeit zu gehen, wurde von ihrer damaligen Chefin voll unterstützt. Die Kunden nahm sie mit. „Etwas Besseres konnte mir nicht passieren", lacht sie.

Ihre Kunden erhält sie ausschließlich durch Empfehlung und Kooperationspartner. Vom Impulsvortrag während eines Businesslunches über Ein-Tages-Trainings bis zu Modulen, die über Jahre laufen – Andrea Ranscht liebt, was sie tut. Sie hilft Mitarbeitern, noch besser zu verkaufen, effizienter mit Kunden zu kommunizieren, und unterstützt im Coaching die Selbstreflexion und -entwicklung von Führungskräften. „Eine Zeit lang war ich Weiterbildungsjunkie, habe Methoden und Tools gesammelt", sagt sie. „Jetzt bin ich gelassener, zeige sehr viel von mir persönlich, weil ich glaube, dass es anderen hilft, sich am Beispiel wiedererkennen zu können." Nahbar und locker, gleichzeitig anspruchsvoll und qualitätsbewusst – Andrea Ranscht arbeitet gerne klassisch an der Pinnwand und am Flipchart, setzt spielerisch Simulationen zu Szenen ein, sitzt auch mal ganz unkonventionell auf dem Boden dabei. Ihre Stärke: Mit Einfühlungsvermögen und schneller Auffassungsgabe begreift sie intuitiv, was ihre Kunden bewegt, bringt Beispiele aus dem Alltag, in denen die Teilnehmer sich sofort und leicht wiederfinden.

Andrea Ranscht ist bereits jetzt für die nächsten eineinhalb Jahre im Voraus gebucht. Mit Ende Vierzig denkt sie daran, sicher noch 20 Jahre zu arbeiten, vielleicht in Zukunft etwas weniger unterwegs zu sein. Im nächsten Jahr möchte sie wieder Workshops zur Persönlichkeitsentwicklung anbieten, lässt auch hier Eigenes mit einfließen: „Alles, was ich selbst an Entwicklung durchlaufen habe, integriere ich in meine Arbeit, zurzeit ist das Yoga." In einer Ayurveda-Kur auf Sri Lanka entdeckte sie die Asanas für sich, im August wird sie sich auf Ko Samui zur Yogatrainerin ausbilden lassen, um ihrem Anspruch an Professionalität zu genügen. „Führungskräften mit Schlafproblemen zeige ich zum Beispiel im Coaching, welche Übungen hilfreich sein können, um zur Ruhe zu kommen." Energie geben ihr ihre Patenkinder, eine gesunde Lebensweise und vor allem auch ihr Wille, den Fokus ihrer Aufmerksamkeit konsequent auf das Positive und Schöne zu richten und so – für ihr eigenes Glück eigenverantwortlich – das Leben zum Guten zu wenden. Diese Haltung strahlt sie aus. „Sie sind eine schöne Seele", erklärte ihr neulich ein Trainingsteilnehmer. „Sie haben die Welt heute ein Stückchen besser gemacht." Diese Momente bleiben, machen dankbar, erfüllen sie mit

Demut.

Ihre Arbeit sieht Andrea Ranscht als Privileg und Bereicherung an. 2002 bekam auch sie die Wirtschaftskrise zu spüren, suchte sich kurzerhand einen Nebenjob, bildete sich weiter und biss sich durch. Aufzugeben kam nicht in Frage. Mit starkem Selbstvertrauen, alles meistern zu können, überbrückte sie das Tief. „Ich lebe keine Kompromisse, beruflich wie privat. Ich hatte viele Krisen in meinem Leben. Das macht mich authentisch und verständnisvoll." Mit Menschen zu arbeiten, die Welt der Wirtschaft humaner und herzlicher zu gestalten, das ist ihre Leidenschaft, das begeistert sie. „Vielleicht kann ich dazu beitragen, dass Kunden sich nicht mehr wie eine Nummer fühlen, sondern als Menschen wahrgenommen werden, dass Mitarbeiter nicht mehr nur zu funktionieren brauchen, sondern auch Menschen sein dürfen. Der Gedanke gefällt mir", schmunzelt sie und genießt schweigend.

„Kommos" bezeichnet in der griechischen Tragödie den Wechselgesang zwischen Schauspieler und Chor, für Andrea Ranscht den Dialog zwischen Trainer und Teilnehmern, Coach und Coachee, Führungskräften und Mitarbeitern, Mitarbeitern und Kunden, das Gespräch zwischen ihr und der Welt. Freiheit im Sinne von Selbstbestimmtheit, Wohlwollen, Toleranz, Respekt, Loyalität, Ehrlichkeit, Gesundheit und Liebe sind Werte, die ihr wichtig sind. Sie vertraut ins Leben, in andere und in sich selbst, möchte sich zu noch mehr Authentizität und Ganzheit weiterentwickeln. „Die Buddhisten sagen, dass wir mit der Welt letztendlich eins sind. In diesem Gefühl möchte ich mich gerne weiter festigen und es weiterhin in meine Arbeit integrieren", schließt sie.

Andrea Ranscht ist und bleibt gefragt – fachlich kompetent, professionell, leistungsorientiert, empathisch und entwicklungsfreudig. Sie lässt sich nicht auf einen Stil festlegen, kann streng und locker zugleich, anspruchsvoll, großzügig und humorvoll sein. Voller Elan trainiert sie für den New York Marathon in diesem Jahr und erzählt im gleichen Atemzug, dass Erfolg nicht das Wichtigste im Leben ist. Das Beste für ihre Kunden? Natürlich: Inhalte, Tools, Methoden. Letztlich: ihre facettenreiche und tiefe Persönlichkeit.

Sabine Baran, Coach, Essen

„Letztes Wochenende habe ich Dr. Loyd kennen gelernt, sehr sympathisch, sehr natürlich und unprätentiös", beginnt Sabine Baran und schenkt Wasser ein. Zurzeit absolviert sie bei ihm die Ausbildung zum Practitioner für Healing Codes. Wir sitzen in ihrem Arbeitszimmer, in dem die klare Sachlichkeit schwarzer und weißer Möbel mit Metall- und Glaselementen durch eine Vielzahl farbiger Accessoires aufgelockert wird. Ein Buddha lacht auf der Fensterbank vorm großen Schreibtisch, den Schrank dekoriert ein schwarz-golden bestickter Kaftan aus Dubai, das Sideboard gegenüber schmücken zwei Plastiken von Händen und eine Orchidee. Sabine Baran trägt einen roten Schal, farblich passenden Lippenstift, Goldschmuck, der mit den Lichtreflexen in ihrem roten, kurz geschnittenen Haar harmoniert, und einen Katzenohrring, der bei jeder Bewegung ihres Kopfes sanft schaukelt. Ihre bunte Brille mit doppelt gebogenem Metallrand sitzt meist auf dem Kopf, der Bügel ähnelt einem liegenden Violinschlüssel – eine Frau, die Farbe ins Leben bringt.

„Heute in sieben Monaten habe ich Geburtstag", stellt sie fest. „Ich einen Tag davor, Jahrgang 63, kurz nach dem

Attentat auf J.F. Kennedy", bemerke ich überrascht. Sabine Baran steigen Tränen in die Augen. An diesen Moment in ihrer Jugend erinnert sie sich noch sehr genau, die Welt war schockiert.

Sabine Baran ist Coach, Psychotherapeutin nach dem Heilpraktikergesetz, NLP-Lehrtrainerin, Aufstellungsleiterin und systemische Familientherapeutin – die Liste ihrer Weiterbildungen ist lang. „Alles, was mit Menschen zu tun hat und was sie dazu ermutigen soll, für sich selbst zu erkennen, was gut für sie ist und was sie weiterbringt", fasst sie zusammen. „Mein Bestreben war schon immer, anderen dazu zu verhelfen, ihr Potenzial zu erkennen."

Bereits nach dem Krieg sagten Verwandte der damals Fünfjährigen, sie habe heilende Hände. Den frühen Wunsch, nach dem Vorbild Albert Schweitzers Ärztin zu werden, gab sie auf, als ihre damaligen Bestrebungen, ein Schülerparlament zu gründen und so anderen zu mehr Autonomie und Mitsprache zu verhelfen, bei der Schulleitung auf taube Ohren stießen. So ging sie ohne Abitur mit 16 nach England und Frankreich und ließ sich als Dolmetscherin ausbilden. Bei der Carl Duisberg-Gesellschaft betreute sie südamerikanische Regierungspraktikanten und entschied sich nach der Geburt ihres Sohnes in den Lehrerberuf zu wechseln. Als eine der letzten „Mikätzchen" gelangte sie im Schnellverfahren und mit drei Semestern Studium in den Schuldienst. „Ich wollte in die Hauptschule und landete schließlich in der Grundschule, aber ich hab gerne mit den Kleinen gearbeitet und auch mit den Eltern", betont sie. Parallel dazu arbeitete sie an der Volkshochschule, wo sie noch heute Migranten Deutschunterricht erteilt, und bildete sich permanent weiter.

Nachdem sie mit 19 Jahren an einem zu spät erkannten Blinddarmdurchbruch fast gestorben wäre und 30 Jahre später wie rund 600 andere Opfer des hierdurch ausgelösten Medizinskandals nach einer Hüftoperation mit dem Robodoc, einem umgebauten computergesteuerten Roboter aus der amerikanischen Autoindustrie, an nachhaltigen Beschwerden und Lähmungserscheinungen litt, war ihr Vertrauen in die Gerätemedizin erschüttert. Sie klagte, erstritt sich in zweiter Instanz etwas Schmerzensgeld und ließ sich vorzeitig pensionieren. Mit Ende Vierzig stand Sabine Baran das Tor für neue Lebenswege wieder offen. Nach der Wende bildete sie zunächst Schulleiter in den neuen Bundesländern aus und hielt Kommunikationstrainings für Juristen und Gleichstellungsbeauftragte ab. „Die

Juristen saßen auf einem hohen Ross und sahen gering-schätzig auf die Ostdeutschen herab. Als ich das einmal ansprach, erhielt ich keine neuen Aufträge mehr", erzählt sie lachend. Sie lacht gerne und oft, mit voller, tiefer Stim-me.

Für Sabine Baran steht der Mensch ohne Ansehen seiner Position im Mittelpunkt. Sie erneuerte ihren frühen Impuls zu heilen, anderen zu seelisch-geistigem Gleichgewicht, größerer Autonomie und besserer Gesundheit zu verhel-fen. „Klar war, dass ich mich in die psychologische Rich-tung orientieren wollte. Es ging mir miserabel, ich bin zwei Jahre lang an Krücken gegangen und war schon geschie-den", spricht sie offen über diesen Tiefpunkt. „Ich hab mich immer mit spiritueller Heilung und Ganzwerden beschäftigt. NLP befähigt die Menschen dazu, für sich anders zu den-ken und ihr Potenzial zu entdecken. Dann habe ich russi-sche und peruanische schamanische Heilweisen kennen gelernt und mich mit Aufstellungsarbeit beschäftigt."

Ihre Arbeit mit den von Loyd entwickelten Healing Codes sieht sie als ganzheitliche Möglichkeit zur Auflösung von negativen inneren Glaubenssätzen und energetischen Blo-ckaden – Stressfaktoren, die auf Dauer krank machen. „Wir

müssen endlich verstehen, dass Selbstliebe nicht egois-
tisch ist, sondern die Grundvoraussetzung dafür, andere zu
lieben. Wir sind so erzogen worden, uns eher selbstkritisch
zu hinterfragen und für andere in den Hintergrund zu stellen. Was die Seele braucht, damit sie nicht leidet, fragen
wir uns nicht." Der tiefgehende Erfolg der 12 systemati-
schen Healing Codes überzeugte sie, als sie ihr selbst aus
einer Depression heraushalfen. Wir sprechen über die Kraft
der Gedanken und des spirituellen Herzens und über Posi-
tionen der Hände am Kopf, die auf die Lebenskräfte im
Körper wirken.

Die Zukunft sieht Sabine Baran in der Arbeit mit Gruppen,
in denen sich die Heilungsintensität für den Einzelnen er-
höhen kann. „Natürlich haben liebevolle Gedanken an einen Menschen eine Wirkung", sagt sie. „Wir sind alle miteinander verbunden, das sollten wir anerkennen. Die
Menschheit ist inzwischen reif genug, mehr für sich selbst
zu tun." Ihr neustes Projekt, Stressabbau für Künstler, liegt
ihr besonders am Herzen. „Mein Vater spielte Violine im
Orchester, reparierte Geigen und unterrichtete bis zum 80.
Lebensjahr. Das Wichtige ist, das weiterzugeben, was einen erfüllt." Nach seinem Vorbild wird Sabine Baran Menschen auch weiterhin dazu ermutigen, für sich selbst den

richtigen Weg zu finden, innere Belastungen zu erkennen und in ihre volle Kraft zu kommen. „Ich hab noch so viel Power. Mir geht es darum, dass andere ihren inneren Reichtum entdecken", fasst sie zusammen und leiht mir ein Buch: Das Love Principle. Sabine Baran ist Impulsgeberin – lebenserfahren, natürlich und mit humorvoller Herzenswärme.

Ralf Adler, Zimmerei und Schreinerei, Leverkusen

Am Handwerkerhof Nummer 1 – welche Adresse könnte besser zu Ralf Adlers Zimmerei und Schreinerei passen? Vor der 2500 qm großen Halle, in die früher Züge zur Wartung eingefahren sind, frage ich den Lehrling nach dem Weg zum Büro des Chefs. An der Wand „Dat Kölsche Grundjesetz".

„Dieses Gelände hier ist ein altes Bahngelände, das vor zehn Jahren noch von der Bahn selbst in Gebrauch war. Als dann ganz zugemacht wurde, sind die Handwerker hier rein und hatten die Möglichkeit, in den alten Gebäuden Gewerbe zu betreiben", erzählt er, während der Kaffee durchläuft. „Vor drei Jahren hatten wir das große Glück, das auch zusammen von der Stadt zu kaufen." Auf 25 000 Quadratmetern entstand so in den alten Bahnhofsgebäuden ein moderner Handwerkerhof, der Alt und Neu vereint und 24 unterschiedlichste Gewerbe miteinander verbindet. „Von der Idee her sind alle unter einem Dach. Der Kunde kann vorne rein und hinten im Prinzip mit einem fertigen Haus rauskommen." Die Stadt unterstützte die Idee, erhielt Förderung durch das Land und von der EU. „Wir hatten gute Konditionen beim Kauf und konnten uns sehr früh ge-

stalterisch in die Infrastruktur einbringen, das war sehr gut",
erinnert er sich. Das Konzept für das Eco Industrial Park-
Label mit den vier Standbeinen Energie, Arbeit, Soziales,
kurze Wege entstand und wurde von der Stadt Leverkusen
übernommen. Das Label hängt in Ralf Adlers Büro.
„Selbstständige gucken über den Tellerrand", nennt er diesen Erfolg bescheiden. „Durch diese hohe Akzeptanz und
die Standortsicherung als Teil der Neuen Bahnstadt Opladen mit den Bereichen Gewerbe, Campus, Wohnen und
Kultur bin ich jetzt Standortbotschafter der Stadt Leverkusen."

Im Flur vor der Küche lehnt eine gusseiserne Figur an der
Wand. Sie stammt aus einer Kunstinstallation im Skulptu-
renpark. „Wir machen nicht nur Häuser und Holzbau, sondern werden auch mal für andere Aktionen gefragt", erzählt
er und blättert in einem Katalog. „Hier: Raum betonen. Das
ist halt Kunst. Die Bude eines Obdachlosen wurde z.B.
verschönert. Der hat sich total aufgeregt, weil er in der Zeit
da nicht pennen konnte." Als Benedikt Papst wurde, be-
sorgte Ralf Adler für einen Künstler einen weißen Hubschrauber und setzte ihn auf ein Dach, das er zuvor mit
Stahlträgern verstärkt hatte. Das Kunstwerk „Ankunft" wurde genau auf der Achse Rom–Köln positioniert, nur nie-

mand nahm den Künstler wahr, der für die Position Rom auf der grünen Wiese stand, während Ralf Adler den Hubschrauber auf dem Dach befestigte. Die Kuratorin begrüßte ihn vor ihrer Rede und am Ende der Vernissage kannten wenige den Namen des Künstlers, aber alle fragten sich: „Wer ist denn Herr Adler?"

Die Kunden finden ihn durch Empfehlung. Seit zwanzig Jahren ist Ralf Adler inzwischen selbstständig. Als Schüler entschied er sich bereits für eine Ausbildung in einem Zimmerei- und Holzbaubetrieb. „Ich wollte eigentlich Restaurator werden. Mit 17 habe ich die Lehre begonnen und schon nebenbei in anderen Betrieben mitgearbeitet. Ich war der Einzige, der so früh wusste, dass er selbstständiger Handwerker werden will. Auch während des Zivildienstes war ich immer im Beruf. Nach vier Jahren als Geselle hab ich dann meinen Meister gemacht. Danach bin ich direkt bei Heidelbach selbstständig mit eingestiegen." Nach zehn Jahren hatten Heidelbach und Adler 25 Mitarbeiter und eine Filiale in Stralsund und trennten sich.

Seit zehn Jahren treibt Ralf Adler mit inzwischen 12 Mitarbeitern den RAL-zertifizierten Holzbau voran: Dachstuhl, Fachwerk, Aufstockung und Erweiterung zur Bestandserneuerung im urbanen Bauen, Hallenbau, aber immer mehr auch Fertighausbau. „Wie das, was die Fertighausindustrie macht, nur handwerklich, in einer kleineren Stückzahl und vor allem individuell nach den Wünschen der Kunden gebaut", erklärt er. Die überwachte Zertifizierung gehört zu seinem Alleinstellungsmerkmal: „Da sind wir als Handwerksbetrieb im Umkreis von 50, 60 Kilometern die Einzigen. Die Qualitätskontrolle ist auch wichtig, wenn die Leute Geld von den Banken haben wollen. Viele Hausversicherer bestehen darauf, dass die Betriebe zertifiziert sind." Er setzt auf Qualität, seit 2007 auch als Obermeister und Prüfungsvorsitzender der Gesellenausbildung.

Ralf Adler ist jetzt 47. „Ich mach alles mit und das bleibt auch so. Wahrscheinlich bin ich mit 70 noch derjenige, der da hinten kehrt", lacht er. „Wichtig ist mir hier die Halle und dass ich ein Büro hab. Was wir hier mit dem Projekt umgesetzt haben, dahinten die Werkstätten, die vermietet sind – das ist schon eine Nummer. Wir ergänzen uns, können miteinander funktionieren. Angefangen vom Rohbau über Dachdecker, Installateur, Elektriker, Maler, Zimmermann, Schreiner, Schlosser, Malerbedarf, Textilsticker, Großhandel für Installation, alles ist hier. Die Wege sind kürzer. Das Miteinander bringt mehr, als wenn jeder sein Süpplein kocht. Die Fragen der Kunden sind viel schneller beantwortet. Das kommt an." Und nicht nur das. „Wir haben die größte Photovoltaikanlage von Leverkusen und sind das Kraftwerk für die ganze Wohnanlage drüben. Abfälle werden direkt verbrannt."

Das Konzept hat Ralf Adler geschrieben. 90% seiner Ideen sind bereits umgesetzt. In Zukunft soll noch ein Betriebskindergarten entstehen, damit die Mitarbeiter ihre Mittagspausen mit den Kindern verbringen können. „Ein Projekt, das von Handwerkern kommt, nicht vom Land oder von der Stadt", erzählt er stolz. „Keiner hat mir geglaubt, dass das in der Form angenommen wird. Hier waren ja sämtliche Politiker zum Kaffeetrinken." Der Erfolg gibt ihm Recht. Der Handwerkerhof Adler ist ein Leuchtturmprojekt. „Wenn du weiterkommen willst, musst du übern Tellerrand gucken und sehen, ob die Beziehung zu allen noch in Ordnung ist." Das ist seine Maxime. „Das ist wie in einer guten Ehe", schmunzelt er.

Ralf Adler zeigt mir das ganze Gelände. Vor seinem Eingang in Übergröße aus Holz: Zollstock und Bleistift. Gegenüber steht ein Bauwagen mit der Aufschrift „Richtung Zukunft". „Der Zimmermann ist oben auf dem Dach. Sobald er auf der Baustelle ist, rennen alle zu ihm, denn alle haben mit ihm zu tun", erklärt er abschließend. „Wenn du das verinnerlichst, dann ist das ist deinem Leben auch so. Das hat sich hier bewahrheitet." Ralf Adler zeigt Weitblick, als Zimmerer und als Mensch.

Der Lehrling sonnt sich neben dem Fachwerkhäuschen auf einem Holzbett.

Raymond Rieke, Helpcompany, Leverkusen

Die Profi-Kümmerer

„Lassen Sie uns doch eine Runde im Park gehen", schlägt Raymond Rieke vor, als ich ihn in seinem neuen Büro in Leverkusen besuche. An den Wänden lehnen ausgepackte Umzugskartons, Deckenlampen fehlen, Böden müssen noch verlegt werden. Mit kariertem Sommerhemd, orange-farbenen Jeans und Turnschuhen wirkt er lässig und we-sentlich jünger, als er ist. Beschwingten Schritts führt er mich durch den Park und erzählt von einer kurzen Präsen-tation, die er am Morgen bei einem Unternehmerfrühstück gehalten hat: „Wenn Sie eine Banane von oben nach unten schälen, bleiben innen immer weiße Fäden hängen, die man dann einzeln entfernen muss. Wenn Sie sie von unten nach oben öffnen, passiert das nicht. Manchmal muss man die Dinge auf den Kopf stellen und vieles wird leichter. Das ist mein Metier."

Wir kehren in sein Büro zurück und setzen uns in die kleine Küche.

Angefangen hat Raymond Rieke bereits während seiner Ausbildung als Fotograf und Groß- und Einzelhandels-kaufmann in einer Medienabteilung, aus der er eine Firma für visuelle Kommunikationstechnik mit 14 Mitarbeitern aufbaute. Anschließend ging er als Gebietsverkaufsleiter zu Sony, arbeitete als Prokurist in einem Produktionshaus für große Sendeanstalten und baute dann die Niederlassung einer Firma im Bereich visueller Kommunikation auf. Als Verkaufsleiter und Geschäftsführer setzte er seine Karriere im Aufbau eines Händlernetzes für den Verkauf exklusiver Videotechnikprodukte fort. Nach etlichen Jahren, in denen er z.B. für Leo Kirch komplette Fernsehstudios ausstattete, übernahm Raymond Rieke in einem kanadischen Unternehmen für Software-Produktionstechnik als Europamanager das Segment virtuelle Studiotechnik. „Da war ich einer der Pioniere, das war sehr interessant", erinnert er sich gerne. In den USA und in Kanada auf den größten Messen Vorträge vor Fachpublikum und Verbänden zu halten fiel ihm leicht. Ein Angebot, ganz nach Kanada zu gehen, schlug er der Familie zuliebe aus. Stattdessen baute er als Geschäftsführer für ein israelisches Unternehmen die deutsche Niederlassung auf und begleitete die Firma bis zum Börsengang. In Köln baute er zuletzt ein Dienstleistungszentrum für virtuelle Studiotechnik auf. Er weiß, wie man Firmen von Null auf Hundert bringt.

Nach einem Bruch mit den Gesellschaftern und großen

finanziellen Verlusten – „Da hatte ich die Schnauze schon ziemlich voll von der ganzen Medienbranche" – machte Raymond Rieke sich mit einer Unternehmensberatung für Gründer mit Schwerpunkt visuelle Medien und Vertrieb und Marketing selbstständig: „Mein Ansatz war ganz praktisch. Ich hab nicht nur beraten, sondern bin zum Teil über ein halbes Jahr in die Unternehmen gegangen, hab den Leuten geholfen, in die Märkte zu kommen, dort Fuß zu fassen und Schlüsselkunden zu generieren." Aber seine Energie ließ spürbar nach. Dazu kam noch eine familiäre Krise. In dieser angeschlagenen Situation geriet er an einen Kunden, dem er über Monate zur Seite stand. Nur seine Provision ließ auf sich warten. Er verzichtete. „Mein Sargnagel war dann ein Projekt, für das ich über sieben Monate das deutsche Händlernetz aufgebaut und Großkunden akquiriert habe. Da habe ich die Provision eingeklagt, noch Anwaltskosten gezahlt, dann ging die Firma in Konkurs und ich stand irgendwo auf der Liste."

Die Energie war verloren, die Enttäuschung zehrte an der Substanz. Ein Jahr lang konnte Raymond Rieke nicht arbeiten. Seine Frau übernahm ganz, und er überlegte, was er in seinem Leben noch machen wollte. Auf jeden Fall nichts mehr mit der Medienbranche zu tun haben und lieber kleine Brötchen backen, dachte er und entwickelte die Idee der Helpcompany. Raymond Rieke wirkt eher leise, ein sympathischer Kunstsammler, bescheidener Könner, ein stiller Mensch, der sich voll einsetzt und dafür auf entsprechende Anerkennung hofft. „Ich hab auf jeden Fall noch aus meiner Kindheit ein ausgeprägtes Helfersyndrom", gibt er offen zu. „Wenn ich jemandem weiterhelfen kann und die emotionale Seite stimmt, gibt mir das viel". Das liegt ihm am Herzen.

Mein Magen knurrt laut und sofort bietet er mir an, ein paar Nudeln zu kochen. Wir lachen lieber gemeinsam. Der Mann reagiert wie ein bester Freund, denke ich, empathisch, praktisch, unkompliziert. Die Helpcompany, sein „Baby", gründete er vor fünf Jahren. In ihr versammelt er all sein Wissen und Können, seine praktische Erfahrung und seine Fähigkeit, große Netzwerke zu schaffen und sinnvoll einzusetzen.

Im Help Privatbereich unterstützt er für kleines Geld Privatkunden, ist der verlängerte Arm einer Reihe von Senioren und Familien, die dankbar für seine Hilfe sind. Vom Vermitteln eines Gärtners oder einer Haushaltshilfe bis hin zu größeren Projekten – für ein älteres Ehepaar hat er den

ganzen Hausverkauf samt Logistik bis hin zum Restaurie-
ren der alten Möbel und der Schlüsselübergabe an die
neuen Besitzer übernommen – begleitet und unterstützt er
mit seinem Netzwerk im Hintergrund so lange, bis das Projekt zur Zufriedenheit seiner Auftraggeber abgewickelt ist.
Er verhandelt, erledigt unliebsamen Papierkram, hilft dort,
wo es nötig ist. Nur die klassische Altenpflege überlässt er
den Fachkräften: „Das ist nicht unser Thema. Wir sind ja
auch nicht nur für Senioren da." Auch für gestresste Dop-
pelverdiener mit Jobs im Ausland zaubert er zwei Tage vor
Weihnachten noch schnell eine heimelige Atmosphäre ins
Haus, poliert alles auf Hochglanz, füllt den Kühlschrank.
Man fühlt sich an dienstbare Geister erinnert, fast mär-
chenhaft.

Im Help Businessbereich betreut er Unternehmen, auch
hier auf Stundenbasis und mit Provision, immer sehr mode-
rat. Raymond Rieke hat so viele Firmen aufgebaut, er
weiß, wie Geschäft funktioniert. Seine Affinität zu Technik
kommt ihm dabei zugute. Für ein Unternehmen löste er
zuerst Computerprobleme, brachte dann die gesamte Prä-
sentation in Form, aktualisierte die Website und schafft
jetzt eine Plattform, um das gesamte Wissen aus dem Kopf
der Unternehmerin in einer Software zu konservieren, ein

Millionenprojekt. Einem Spezialwerkzeuge-Hersteller stellte er mit seinen Partnern die ganze Warenwirtschaft auf den Kopf: „Rechnungswesen, Lagerwirtschaft, alles war old fashioned und wenig effektiv." Der gravierende Unterschied zu einer Unternehmensberatung? Er ist unmittelbar praktisch und ganz nah dabei, die Theorie bleibt im Hintergrund.

Ihm ist es wichtig, Talente zu fördern, richtig einzusetzen. Seine Mitarbeiterin: viersprachig. Mit ihr bot er auf großen Messen ein Rundum-sorglos-Paket für alle Belange russischsprachiger Aussteller an – Unterkunft, Werbung, Kundenbetreuung, After Sales, das kennt er alles aus dem Effeff. „Das Feedback: der Hammer", schwärmt er begeistert.

Im Moment baut Raymond Rieke ein Franchise-System für diejenigen Talente mit Lebenserfahrung auf, die z.B. aufgrund ihres Alters auf dem Markt nicht mehr so gefragt sind, entwickelt einen Strauß von Anwendungsbeispielen als mundgerechte Pakete und denkt schon wieder weiter: „Die Helpcompany kann in jeder Stadt funktionieren. Später will ich nur noch tingeln und die anderen Teams unterstützen. Wenn ich nicht so viel verdiene mit der Helpcompany, aber eine Reihe von Leuten glücklich ist, dann ist das auch gut", lächelt er. „Das ist genau das, was ich meine." Und er denkt daran, Künstler zu unterstützen, ihnen zu wirtschaftlichem Erfolg zu verhelfen. Ein Wegbegleiter, den man sich an seiner Seite nur wünschen kann.

Stefan Schüttler, Schreinerei Schüttler, Leverkusen

Die große Ruhe fällt mir als Erstes auf: Mitten in einem Wohngebiet finde ich die Schreinerei Schüttler in einer kleinen Seitenstraße gegenüber dem Friedhof. Frau Schüttler öffnet die Tür und zieht sich wieder an ihren Schreibtisch zurück, schreibt, nimmt Anrufe an, wiederholt immer wieder freundlich: „Er ist gerade im Gespräch." Das Büro ist ihre Domäne. Stefan Schüttler sitzt am Tisch auf einer alten Kirchenbank, daneben ein Opferstock aus Holz – Liebhaberstücke aus einer Kirchensanierung. Diverse Holzplatten hängen als Muster an der Wand, mitten im Raum stehen Modelle für Fenstereinbauten. Seit 18 Jahren führen beide gemeinsam den Familienbetrieb in der vierten Generation mit acht bis neun Mitarbeitern, gelegentlich arbeitet sein Vater noch mit. „Es hat einfach gepasst, auch Schreiner zu werden", sagt er und zeigt mir den Betrieb.

Auf dem Hof stehen seine Oldtimer: ein alter Rosengart aus Frankreich von 1938, ein VW Kübel aus den 70er-Jahren und ein dreirädriger Lieferwagen von 1938. „Wir kommen eigentlich aus dem Gestellmacher-Handwerk, im Rosengart ist ja noch Holz mit Blech verarbeitet", erklärt er seine Faszination. „Das passt gut zu unserer Firma und er fährt sogar noch."

In der Werkstatt arbeitet ein Geselle an einem Holzbett. Aufträge für Privatkunden, der Umbau von Objekten, z.B. Banken oder Arztpraxen, und der Denkmalschutz wie die Erneuerung von Kirchenböden gehören zu Stefan Schüttlers Kerngeschäft. „Wir haben noch traditionelle Maschinen für Massivholzverarbeitung – Fräse, Kreissäge, Abrichte, Dicktenhobel –, aber auch eine moderne CNC-gesteuerte Fräse." Über den Maschinen: Anweisungen zur Arbeitssicherheit. „Die Holzabfälle zerhacken wir und pressen davon Brikets, mit denen wir heizen", erzählt er. In einem Korb liegen kleine Massivholzklötze mit Einkerbungen. „Das sind Werbegeschenke. Jeweils sechs lassen sich zu einem Würfel zusammensetzen." Er lacht. „Probieren Sie mal."

Wir gehen zurück ins Büro. Zwei der fünf Kinder kommen nacheinander vorbei, Stefan Schüttlers Vater bringt seiner Schwiegertochter einen Strauß Blumen. „Wat janz Besonderes", sagt er. „Sehr schön, und die riechen sogar", lobt sie ihn. Freundlich und ruhig treffen sie Verabredungen und Absprachen. Stefan Schüttler ist Mitglied im Kirchenvorstand, bildet Lehrlinge aus und engagiert sich im Prüfungs-

ausschuss der Innung. Den Zivildienst hat er als Rettungs-
sanitäter abgeleistet. Seinen Sinn für soziales Engagement
gibt er an seine Kinder weiter. Sein wichtigster Wert: Ehrlichkeit.

„Was mich von vielen Kollegen unterscheidet? Ich gehe
nicht so stark mit einem künstlerischen Wunsch, mich ge-
stalterisch selbst zu verwirklichen, an meinen Beruf heran",
sagt er. Die Königsfrage für ihn: Was will der Kunde? „Das
ist die oberste Maxime." Seinen eigenen Geschmack stellt
er im Dienste des Kunden vollkommen zurück. „Wenn je-
mand alles in Eiche rustikal haben möchte, dann ziehe ich
das durch, sodass am Ende alles passt und wirklich stim-
mig ist." Stefan Schüttler versteht es, vom Kunden aus zu
denken: „Wenn ein Kunde nicht zahlen würde, dann würde
ich das immer als meinen Fehler ansehen. Entweder hätte
es an der Qualität der Arbeit oder der Beratung gelegen",
erklärt er geduldig. „Ich versuche die Kunden im Vorfeld gut
zu beraten, und zwar nicht abschlussorientiert, sondern
wertneutral." Diese Herangehensweise zeichnet ihn aus.
„Ich verkaufe niemandem etwas, was derjenige nicht
braucht", lautet seine Philosophie. Auf Dauer zahlt sich das
aus. Das ist ihm bewusst. „Ich hab kein Problem damit,
wenn ich einen Auftrag nicht bekomme und dem Kunden

vielleicht sogar abgeraten habe. Beim nächsten Mal weiß er auf jeden Fall, dass ich keinen Quatsch erzähle."

Stefan Schüttler ist gerne selbstständig. Ausgehend von der Familientradition hat er sich zum modernen Unternehmer entwickelt, der nicht nur im, sondern vor allem am Unternehmen arbeitet, selbst gelegentlich eine Außenperspektive sucht, Beratung in Anspruch nimmt. „Es ist ein großer Fehler zu glauben, man wäre in seinen unternehmerischen Entscheidungen unfehlbar. Am Anfang hab ich nur gemacht, was so kam. Das ist noch kein unternehmerisches Handeln. Man muss wissen, wo man hin will, seine Zahlen kennen und Sachen strukturiert verändern."

Einen guten Unternehmer zeichnen seiner Erfahrung nach drei Dinge aus: Er muss sich mit dem Kaufmännischen auskennen. Er muss seine Mitarbeiter dazu bringen können, das Beste zu machen. Und er muss mit den Kunden richtig umgehen können, sodass sie nach ihren Vorstellungen das Beste erhalten und das auch erkennen können. Und: „Ich glaube, dass das Persönliche immer noch das Wichtigste ist", sagt er abschließend. Stefan Schüttler überzeugt – als Unternehmer und als Persönlichkeit.

Stephan Weigelt, SW Steuerberatung, Leverkusen

„Ich habe Ihren Termin erst für morgen eingetragen", sagt die Sekretärin, als ich die Steuerkanzlei von Stephan Weigelt betrete. Er ist da, das Babyschwimmen mit seiner Tochter fiel aus. Von eher gemütlicher Statur, eilt er leichtfüßig voraus, erzählt lebhaft, unterhaltsam, humorvoll, blickt ab und zu über den Rand seiner „Schlaumeierbrille", wie er sie nennt. Die Räume hat er erst vor wenigen Monaten renoviert, klare Linien, männliche Farben, wenig Dekoration. Ein noch funktionstauglicher Stummfilm-Kinoprojektor gibt dem Flur eine nostalgische Note und unterstreicht dekorativ seinen Schwerpunkt: Medienberufe. Die Besprechungsräume sind mit großen Bildschirmen ausgestattet. „Wir haben Spielekonsolen für die Kinder der Mandanten und natürlich können die Mitarbeiter hier ihre Pausen verbringen", sagt er. Seine Kaffeemaschine: ein Gastroautomat!

„Eigentlich wollte ich, seit ich sieben Jahre alt war, zur Steuerfahndung", erinnert er sich. Damals erlebte er nach der Scheidung der Eltern, wie sein Vater mit seiner Kneipe in Insolvenz ging. „Meine Mutter hat als Schuhverkäuferin nicht viel verdient, meine Oma ging putzen. Da hab ich mir gesagt, du gehst mal zur Steuerfahndung, dann weißt du wenigstens, wie es richtig geht." Sein Taschengeld verdiente er sich durch Keyboardspielen.

Mit 16 informierte er sich im Finanzamt: „Der Repräsentant für Auszubildende saß in einem dunklen Kämmerlein, ein Typ mit Wollpulli und schütterem Haar. Das ist nichts für dich", wusste er sofort und entschied sich für die Ausbildung zum Steuerfachangestellten. Neben dem Beruf und dem Wehrdienst machte er das Abitur nach, baute mit einem Freund einen Licht- und Tonanlagen-Verleih auf, besuchte die Zauberschule und ließ sich zum Tanzlehrer ausbilden. Beim Rock 'n Roll lernte er seine Frau kennen.

Mit Anfang Zwanzig leitete er bereits das Rechnungswesen einer großen Filmproduktionsfirma. Nach einem Intermezzo als Schwangerschaftsvertretung in einer landwirtschaftlichen Buchstelle im Sauerland - nach einem Monat hatte er bereits alle Fälle fürs ganze Jahr bearbeitet - wechselte er zu einer Wirtschaftsprüfungsgesellschaft und machte den Steuerfachwirt und das Steuerberaterexamen. Die Licht- und Tonfirma baute er am Wochenende weiter aus. Vor zwei Monaten hat er sie erst verkauft. Der Mann ist schnell, vielseitig, in allem erfolgreich.

2007 kam er zurück ins Rheinland. Stephan Weigelt beriet Ärzte und Apotheker für eine auf sie spezialisierte Steuerberatungsgesellschaft. „Das war mir zu langweilig. Ich hatte die ganze Zeit das Gefühl: Mist, du bist beim Amt gelandet", erzählt er lachend. „Für alles gab es Abteilungen in Hannover." Abwechslung boten ein Lehrauftrag an der Hochschule und die Beratung von Mandanten anderer Branchen als selbstständiger Steuerberater. 2009 machte er sich selbstständig und kaufte die Kanzlei in Leverkusen.

Seine Mandanten kommen nur über Empfehlung zu ihm. „Der Steuerberater kennt schließlich alles. Er weiß ja meistens noch vor der Frau, dass der Mann sich scheiden lassen und Geld beiseiteschaffen will." Stephan Weigelt erzählt von einem Mandanten, der nach dem Tod des Vaters den Betrieb übernommen und große finanzielle Verluste erlitten hatte. Er schaffte es in einem halben Jahr, die Firma wieder ins Plus zu bringen. „Ich finde es extrem schön, wenn ich meinen Klienten dabei helfen kann, ein Problem zu lösen. Durch die permanenten Gespräche mit uns hat der Junior sich ganz toll entwickelt", nennt er diesen Einsatz bescheiden. Existenzgründern hilft er von Anfang an den Weitblick für die eigene Lebensperspektive mit einzubeziehen. „Mir ist es wichtig, dass man weiß, was man tut und nur die Dinge tut, die man kann. Mein Job ist es, Unternehmen erfolgreich zu machen, ihnen alles vom Hals zu halten, was mit Steuern und Finanzen zu tun hat. Der Mandant muss möglichst viel Zeit für sein Kerngeschäft haben", betont er.

Seine Kanzleistruktur: extrem sicher und effizient. Alle Daten laufen voll digitalisiert über das DATEV-Rechenzentrum in Nürnberg. „Theoretisch könnte hier alles abbrennen und wir haben trotzdem noch die Daten und alle Prozesse in der Dauerüberwachung", erklärt er.

Im Forum junger Steuerberater schrieb er mit Kollegen ein Buch zur Existenzgründung für Steuerberater. Als Experte für Medienberufe und Probleme der Abgaben an die Künstlersozialkasse gibt Stephan Weigelt inzwischen Seminare für Steuerberater, hält Vorträge für die Deutsche Bank und auf Steuerberaterkongressen, z.B. zum Thema Kanzleivision und organisches Wachstum. Seine eigene Vision? „Steuerberater Nr. 1 im Ort. Ich möchte eine der führenden Kanzleien im Bereich der Medienberufe in Deutschland sein und mehr Zeit für die Familie haben. Ich hab früh Gas gegeben. In zwanzig Jahren werde ich in einer Band spielen, mehr zaubern gehen und mit meiner Frau reisen, Cook-Inseln, Amerika. Das sind unsere Ziele."

Ein unterhaltsamer Steuerberater, der Zahlen und Fakten ebenso genau im Blick behält wie die wesentlichen Dinge des Lebens, denke ich und verabschiede mich.

Wolfgang Kierdorf, Unternehmensberater, Köln

Im Mediapark Köln bei Startplatz: eine Unzahl von Büro-
räumen und dynamischen Jungunternehmern oder Mitarbeitern, die sich von Zeit zu Zeit an der Kaffeemaschine
begegnen. Eine dunkelhaarige Frau erklärt einem Rot-
schopf ihr neustes Projekt: Online-Nachhilfe. Wolfgang
Kierdorf holt mich am verwaisten Empfang ab und bietet
mir einen Cappucino aus dem Automaten an. Wir gratulie-
ren einem älteren Herrn, der Geburtstag hat, und gehen
schweigend durch die langen Flure in sein winziges Büro.
Kein Mann des Smalltalks. „Was kann ich für Sie tun?",
kommt er sofort zur Sache. An den Wänden Zettel mit mo-
tivierenden Marketingslogans und wenigen Rechtschreib-
fehlern. Ich erzähle ihm meine vage Idee. Mit wachen Augen hinter den Brillengläsern registriert er genau, wann
meine Züge ernster werden: „Wenn Sie über Bücher sprechen. Das Coaching nimmt man Ihnen nicht ab. Vielleicht
kam es deshalb zu keinem Abschluss." Meine Geschäftsi-
dee gefällt ihm. Sofort klappt er den Laptop auf und ver-
schafft sich einen groben Überblick über Konkurrenz und
Marktlage. Er rechnet mir vor, welche Honorarvorstellun-
gen für Privat- und Geschäftskunden in Betracht kommen.
Perspektive: in einem Jahr einen ersten Mitarbeiter einstel-

len. Von der Beamtentochter zur Unternehmerin – mein Lebensprojekt. Ich kann mir das noch nicht richtig vorstellen. „Das kriegen wir schon hin", meint er zum Abschluss und schenkt mir sein Arbeitsbuch *Wie man ein verdammt gutes Unternehmen gründet.* Er begleitet mich schweigend zum Ausgang. Im Fahrstuhl zum Parkhaus der freundliche junge Mann mit dem WDR-Mikrofon in der Hand, der mir zeigt, wo ich Geld für den Parkautomaten wechseln kann. Das Interview-Geschäft wird auch meine Welt werden.

Beim nächsten Treffen klären wir das Geschäftliche. Ein Coachingvertrag wird unterschrieben, sein Angebot, Raten zu zahlen, kommt mir sehr entgegen. Wolfgang Kierdorf hatte einen Hörsturz, Infarkt im Innenohr. Zu viel Stress. Der Mann ist schnell im Kopf. Wir beschäftigen uns mit meinem Lebenslauf. „Ich hoffe, das bedeutet nicht, dass Sie mir eine Selbstständigkeit nicht zutrauen", spreche ich meine eigenen Zweifel aus. „Nein, aber solange Ihre Idee noch nicht ganz feststeht, halten wir Ihnen beide Optionen offen", sagt er und streicht großzügig ganze Etappen aus meinem Werdegang. Die aktuelle Situation unterfüttert er kreativ mit Tätigkeiten aus meinen unzähligen Fortbildungen, das sieht jetzt ganz gut aus. „Bewerben Sie sich an der und der Hochschule, die suchen Dozenten mit akademischem Titel", empfiehlt er mir. Mir fällt sofort ein, dass ich so gut wie keine Unterrichtserfahrung habe. „Das macht gar nichts, Sie können sich das schlechte Niveau der Studenten dort gar nicht vorstellen. Ich hab zehn Prozent durchfallen lassen, deshalb bin ich dort wieder gegangen", lacht er. Ich bekomme Hausaufgaben.

So setzen wir unsere Arbeit in regelmäßigen Abständen fort, im Startplatz, in einem Café und auch mal per Skype, als er die Geburt seines ersten Sohns erwartet. Ich bin überrascht, dass wir nach keinem System vorgehen. Wenigstens ist für mich keines erkennbar. Wolfgang Kierdorf greift auf, was ich mitbringe, geht dem nach, was von mir ausgeht, folgt Ideenspuren, rennt voraus, kehrt um, nimmt mich mit, schnüffelt im Netz und gräbt sich tiefer. Wie ein guter Hütehund. Allmählich fasse ich Vertrauen, dass er das System kennt, den Überblick behält, meine neu zu gründende Existenz im Ansatz behütet. Auch wenn ich zunächst Umwege gehe, Ideen biete und wieder verwerfe, mich noch nicht festlege und nicht in die Tiefe gehe. Klar ist: Es dreht sich um Lesen, Schreiben, Bücher, Menschen, Reisen. Und er ermutigt mich zu schreiben. Sein Feedback: enthusiastisch. „ Nur ein Wort dazu: fantastisch! An jeder Stelle hätte ich gerne mehr gelesen und mehr Details gehabt. Eine perfekte Leseprobe!" Das baut auf.

Vor dem Kinopolis in Leverkusen kommt er mir schwungvoll entgegen, einen Ausdruck meines letzten Textes in der Hand. „Das wollte ich gerade lesen", räumt er schmunzelnd ein. Der Mann hat viel zu tun. Der Mann nutzt jede freie Minute. Wir gehen zur Rathaus Galerie, einem großen Bau mit unzähligen Geschäften auf mehreren Etagen. Bei Starbucks spendiert er mir einen großen Milchcafé, nimmt selbst schwarzen Café und Käsekuchen und steuert mit mir auf einen freien Tisch zu. Nein danke, einen Muffin möchte ich lieber nicht. Ich gebe zu, dass ich meinen neu gestalteten Lebenslauf nicht verschickt habe und weder Lehrerin noch Dozentin oder Trainerin sein will. Das ist wenigstens der aktuelle Stand, der meinem derzeitigen Selbstbewusstsein entspricht. „Gut, dass wir das wissen", lacht er entspannt.

Wir sprechen über eine neue Idee, er skizziert auf einem Block sofort mögliche Probleme der Kunden, entsprechende Lösungen, stuft Dringlichkeiten ab. Bisher drehten sich meine Gedanken krampfhaft darum, was ich kann und was ich selbstständig anbieten kann. Wolfgang Kierdorf eröffnet mir heute eine andere Sichtweise: Mein Angebot darf umfassender sein als das, was ich persönlich durchführe. Was ich nicht kann, wird von anderen durchgeführt, die ich gegen Provision beauftrage. Team, Netzwerk, das ist der Gedanke, der mehr erlaubt. Wir halten ein mögliches Prozedere fest. Bei jeder Begegnung fragt er, inzwischen per Du: „Ist es das immer noch, was du tun willst?" Ohne Leidenschaft für ein Thema kein Unternehmen fürs Leben.

Er selbst gründete mehrere Unternehmen, aufgegeben hat er sie nur, wenn es ihm zu langweilig wurde. Als Gesprächspartner zuerst gewöhnungsbedürftig. Kein Coach, der es einem bequem macht, er fördert und fordert. Denkt beim Zuhören bereits an Lösungsvorschläge. Das merkt man. Es geht darum, die Sache vorwärtszubringen. Klar, schnell, realistisch, strategisch, intelligent. Als ich einmal mutlos vor ihm sitze und weine, zeigt er ein anderes Gesicht. „Was meinst du, wie viele Leute ich hier sitzen habe, die auch gezwungen sind, sich selbstständig zu machen, die auch in Jobsituationen stecken, auf die kein Licht mehr fällt? Du bist nicht die Einzige. Ich kenne das." Und er erzählt zum ersten Mal von sich selbst, von Arbeitslosigkeit, Perspektivlosigkeit, Existenzangst und der Verzweiflung, vor dem Nichts zu stehen. Auch das ist mir wichtig zu hören, macht Mut, stärkt mein Vertrauen.

Wir arbeiten schon eine Weile zusammen, ich habe eine Homepage, liefere ab, bleibe dran. Allmählich kommen Prozesse in Gang. „Wir sind noch in der Testphase", sagt Wolfgang Kierdorf und erklärt mir die folgenden Phasen. Mit sicherer Gelassenheit schließt er: „Ich verspreche dir, dass du von deiner Selbstständigkeit leben kannst, wenn du einfach nur das tust, was ich dir sage. Da musst du jetzt durch. Wir schaffen das schon." Klare Worte. Ich glaube ihm. Und mache meine Hausaufgaben. Es geht weiter.

Isabel Kaestner-Bollweg

Diplom-Grafik-Designerin, Hamburg

Wir verabreden uns im Essener Folkwang Museum, in dem Isabel Kaestner-Bollweg sich nach ihrer Ankunft eine Ausstellung zur Kunst der Fotografie angesehen hat, und ich erkenne sie sofort: eine zierliche Dame mit Pagenkopf, Kleid und Schal in Grautönen aufeinander abgestimmt, petrolfarbene Strümpfe setzen einen überraschenden Farbakzent, stilvoll, seriös, dezent kreativ. Bei Kaffee und Schokoladenkuchen beginnt sie zu erzählen.

Als Kind erlebte sie Schönheit, Farben und Atmosphäre im Blumengarten ihrer Großmutter, die sie darin unterstützte zu malen. Isabel Kaestner-Bollweg studierte zunächst vier Semester Freie Kunst und wechselte bald zur visuellen Kommunikation mit Schwerpunkt Grafik-Design. „Ich komme aus bürgerlichen Verhältnissen und hatte einfach Angst vor Verwahrlosung als freie Künstlerin", schmunzelt sie. „Dabei hatte ich durchaus Erfolge und Ausstellungen." Von Kassel ging sie nach Berlin, wechselte nach Bremen. Inzwischen wohnt sie mit ihrem Mann, einem Physiker, und ihren zwei Kindern im eigenen Haus in Hamburg. Jahrelange Erfahrung aus Werbeagenturen und werbetreibenden Unternehmen konnte sie als einzige Grafikerin im Unternehmen nach 13 Jahren nicht vor einer Kündigung bewahren. Der neue Geschäftsführer sah die Sparte Grafik-Design eher bei externen Dienstleistern. „Zum Schluss hab ich nur noch Diagramme nach Vorlage gemacht. Ich kann viel mehr", bedauert sie. Sie wünscht sich wieder kreativer zu arbeiten, gerne in Teilzeit oder auch von zu Hause aus.

„Der Beruf ist etwas ganz Existenzielles für mich", betont Isabel Kaestner-Bollweg. „Jeder meint heute dank der technischen Möglichkeiten sein eigener Designer zu sein und erkennt nicht den Wert einer erfahrenen Grafik-Designerin." Bildredaktion zu machen oder Layout für Zeitungen zu gestalten, die sie selbst nicht lesen würde, kommt für sie nicht in Frage, das entspricht nicht ihrem Können. Sie zeigt mir ihre Bewerbungsunterlagen: frisch, modern, mit Arbeitsproben aus den letzten fünf Jahren, z.B. Einladungskarten für ein Event „Grill and Chill" oder Online-Banner. Für ihr biografisches Porträt hat sie bereits eine Seite mit Blindtext vorab designt und die Schriftgröße festgelegt. „Die Werbebranche ist eine junge Branche. Mein Traum wäre es, in der Werbeabteilung eines Unternehmens für das Corporate Design und die Events zu arbeiten, vielleicht in einem Team mit Grafikern als Directrice.

Die Selbstständigkeit ist nicht mein Ding, ich bin gerne die ausführende Kraft, wenn mir Aufgaben und Projekte zugeteilt werden und ich genügend Gestaltungsfreiraum bekomme", erklärt sie.

Isabel Kaestner-Bollweg sieht ihre Bewerbungschancen realistisch. Sie ist offen für diverse Möglichkeiten. Kindern oder Senioren Kunstprojekte oder -reisen anzubieten kann sie sich ebenso vorstellen wie in einer Galerie tätig zu sein. „Das wäre jetzt eine Alternative. Oder in zehn Jahren. Ein tolles Konzept für einen Malwettbewerb habe ich bereits erstellt. Ideen habe ich viele." Sie lacht. „Ich hab wieder angefangen zu zeichnen und zu malen, weil es mir einfach guttut. Ich denke, in einem Jahr werde ich ein gutes Standing haben. Das muss trainiert werden wie beim Sport." Ihre Augen blitzen schelmisch, ihr Gesicht wirkt für einen Moment fast wieder mädchenhaft. „Back to the roots", nennt sie ihren Rückgriff auf ihre künstlerische Begabung. Sie wird sie in die richtigen Bahnen lenken, ehrgeizig, ernsthaft, angemessen kreativ.

Zum Schluss

Ich danke all meinen Gesprächspartnern für ihr Vertrauen und ihre Offenheit.

Meinem Coach, Wolfgang Kierdorf, gebührt besonderer Dank für seine kontinuierliche und ermutigende Begleitung und sein wertschätzendes Vorwort.

Dr. Heike Jacobsen

Essen 2016

Dr. Heike Jacobsen, Jahrgang 1963, ist Eurythmistin, Germanistin und promovierte Musikwissenschaftlerin, Coach, Dozentin und Autorin. In der Schweiz und in Luxemburg arbeitete sie mit Vorständen und Politikern auf Augenhöhe.

Seit 2014 schreibt sie charakteristische biografische Porträts für Unternehmer, die sich und ihr Unternehmen mit einer persönlichen Geschichte authentisch und emotional berührend vermarkten wollen, und für jeden, der etwas Wesentliches von sich in schöner Form zum Ausdruck bringen, bewahren und an seine Lieben weitergeben möchte.

Mehr zu Dr. Heike Jacobsen unter www.biografische-porträts.de.